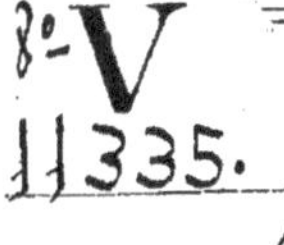

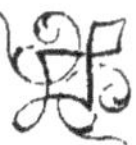

RÉPUBLIQUE FRANÇAISE

VILLE D'AUCH

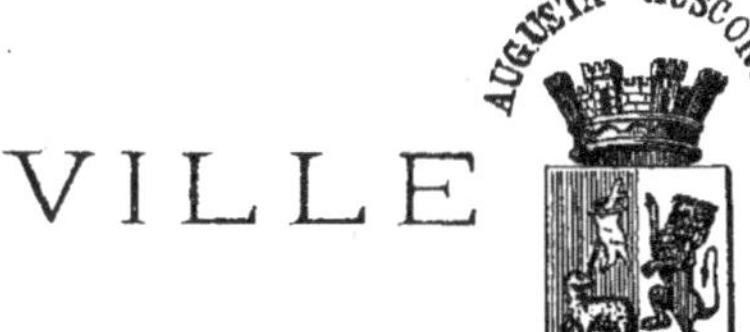

MUSÉE

FONDÉ PAR ARRÊTÉ DU DIRECTOIRE DU DÉPARTEMENT DU GERS,

EN DATE DU 26 FRIMAIRE, AN II.

CATALOGUE

Prix : 30 Centimes

AUCH

TYPOGRAPHIE J. CAPIN RUE SAINT-AMANT

1895

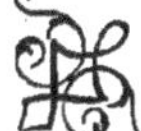

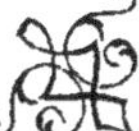

MUSÉE D'AUCH

FONDÉ PAR ARRÊTÉ DU DIRECTOIRE DU DÉPARTEMENT DU GERS,

EN DATE DU 26 FRIMAIRE, AN II

MUSÉE D'AUCH

FONDÉ PAR ARRÊTÉ DU DIRECTOIRE DU DÉPARTEMENT DU GERS,

EN DATE DU 26 FRIMAIRE, AN II.

---

1 — Mlle D'AUBIGNÉ, VEUVE SCARRON, devenue plus tard Mme de Maintenon de par la volonté de Louis XIV, épousa secrètement ce prince le 1er janvier 1685. Fut inhumée à Saint-Cyr. Son tombeau ayant été brisé pendant la Révolution et ses cendres jetées au vent, le premier consul fit rétablir le monument en 1802.

Peint par Pierre Mignard, né à Troyes en 1610, mort à Paris, le 31 mai 1695. (Fonds du musée.)

2 — JEUNE FILLE EFFEUILLANT UNE ROSE (pastel, par Gabriel Durand), provenant de la loterie qui eut lieu à l'occasion de l'Exposition des Beaux-Arts en 1863, à Auch.

3 — FRANÇOISE-ATHÉNAÏS DE ROCHECHOUART, MARQUISE DE MONTESPAN, une des concubines de

Louis XIV, née au château de Tonnay (Charente *Saintonge*), en 1641, morte à Bourbon-l'Archambaud, le 28 mai 1807.

Epousa en 1663, Louis de Pardeillan de Gondrin, marquis de Montespan. Elle en eut un fils qui fut le duc d'Antin.

Peint par Mignard (Voir le n° 1. — Fonds du musée.)

4 — CHEREBERT OFFRANT L'ANNEAU ROYAL A TUDÉGILDE, qu'il épousa.

Peint par Jean-Antoine Laurent, peintre français, né à Baccarat, en 1763, décédé à Epinal, en 1833. (Déposé par l'Etat, en 1820.)

5 — KABYLIE, par Washinton.

Provenant de la loterie qui eut lieu à l'occasion du concours de 1880, à Auch.

6 — ENVIRONS DE PARIS. — Paysage de Paul Peraire.

Donné par M. François Caumont, d'Auch, en 1892.

7 — BAIGNEUSE. — Copie du tableau de Pœlumburg Corneille, né à Utrecht, en 1586; mort dans la même ville.

Acheté par la ville d'Auch, en 1868.

8 — ENVIRONS DE PARIS. — Paysage de Paul Peraire.

Donné par M. François Caumont, d'Auch, en 1892.

9 — L'ATTENTE, par Linder.

Provenant de la loterie qui eut lieu à l'accasion du concours de 1880, à Auch.

10 — FLORE. — Plafond de M. Paul-Auguste-Louis Tournier, pensionnaire de la ville, né à Auch le 30 juin 1830. (Déposé par l'Etat en 1875.)

11 — TABLEAU PEINT SUR CUIVRE, par Diétriciy.

Donné par M. François Caumont, d'Auch, en 1892.

12 — (Voir le n° 12 des objets divers, page 51.)

13 — (Voir page 43.)

14 — ENVIRONS DE PARIS. — Paysage de M. Paul Peraire.

Donné par M. François Caumont, d'Auch, en 1892.

15 — POMMIER EN FLEURS, par Kreyder. (Déposé par l'Etat en 1873.)

16 — (Voir le n° 17 des objets divers, page 52.)

17 — Pendant la Leçon, de Ch. Bitte. (Déposé par l'Etat en 1894.)

18 — Le Feu — Amours lançant des Flèches.

Donné par M. François Caumont, d'Auch, en 1892.

19 — Portrait de Mlle de La Vallière (Françoise-Louise), célèbre maîtresse de Louis XIV, née à Tours, le 6 août 1644; morte à Paris, au couvent des Carmélites, le 6 juin 1710.

Par Mignard (Voir le n° 1. — Fonds du musée.)

20 — (Voir page 43.)

21 — (Voir page 43.)

22 — (Voir page 43.)

23 — (Voir page 43.)

24 — (Voir le n° 18 des objets divers, page 52.)

25 — Juin en Danemarck, par H. Bonnefoy. (Déposé par l'Etat en 1881.)

26 — LE PÊCHEUR, par Schutzemberg. (Déposé par l'Etat en 1878.)

27 — UNE MATINÉE D'ETÉ A L'ÉTANG DE LA FRETTE, par René Fath. (Déposé par l'Etat en 1889.)

28 — MARTYRE DE SAINTE CÉCILE, par Gastini. (Déposé par l'Etat en 1889.)

29 — LATONE, mère de Diane et d'Apollon par Jupiter, réfugiée sur l'île de Délos, demande aux paysans de l'eau pour se désaltérer. Ceux-ci ayant accueilli sa prière par des plaisanteries, sont métamorphosés en grenouille par Jupiter, auquel Latone s'est adressée pour venger l'outrage qu'elle reçoit.

Tableau de P. Hillemacher. (Déposé par l'Etat en 1875.)

30 — (Voir page 43.)

31 — (Voir page 44.)

32 — BERTRAND D'ORNÉZAN, amiral, diplomate et capitaine-général de l'armée de mer, sous François Ier, né vers la fin du XVe siècle.

Don de M. de Gontaud de St-Blancard.

33 — Portrait d'un Conseiller au Parlement de Toulouse. — Acheté par la Ville, en 1871, à la vente Tarbouriech.

34 — Jean-Jacques-Pierre d'Esparbès de Lussan, gouverneur général de Saint-Domingue, né au Château de Lamothe-Bardigues (Gers) en 1720, mort en 1810.

Don de M. le conte Pierre d'Esparbès de Lussan.

35 — Baron Jacques-Antoine-Adrien Delort, né dans le Gers en 1773, mort en 1846. Général de division en 1814, se couvrit de gloire à Ligny et à Waterloo. Député et pair de France sous le règne de Louis-Philippe. — Peint par sa fille Cornélie Delort, décorée d'une médaille d'honneur, pour sa belle conduite pendant la guerre de 1870-1871, contre les prussiens.

36 — Pierre-Joseph-Jean Barris, né à Montesquiou en 1759, mort à Paris en 1824. Député à la législative en 1791, président à la Cour de cassation, baron de l'empire.

Donné par M. Paul Lacave-Laplagne.

37 — Louis d'Aignan du Sendat, vicaire général, fondateur de la bibliothèque communale.

38 — COMTE LOUIS-THOMAS VILLARET DE JOYEUSE, né à Auch, en 1750, mort à Venise en 1812.

Capitaine de brulot au siège de Pondichéry en 1781, commandant la corvette *la Noyade*, capitaine de vaisseau au moment de la Révolution. En 1793, il remplaça Morard de Galles comme vice-amiral, par arrêté du comité de Salut-Public et fut mis à la tête de l'escadre de Brest, sur la proposition de Jean Bon St-André, qui avait dit de lui : « Je sais que Villaret n'est qu'un aristocrate, mais il est brave et il fera son devoir ».

Cette escadre se composait de 26 vaisseaux; elle était destinée à protéger un convoi de grains venant d'Amérique.

Villaret mit à la voile, ayant son pavillon sur la *Montagne*. Le 28 mai, il rencontra la flotte anglaise forte de 31 vaisseaux, sous les ordres de l'amiral Howe. Pendant toute la journée et celle du lendemain, les anglais ne purent parvenir à entamer notre cadre ils furent même obligés de se retirer en toute hâte. Une brume épaisse tint les deux armées à distance le 30 et le 31 mai; mais le 1er juin, l'amiral Howe ayant engagé de nouveau le combat, Villaret fut moins heureux; la *Montagne* se trouva entourée par cinq vaisseaux; elle se dégagea par une résistance prodigieuse; mais au milieu du nuage de fumée où il était, Villaret n'avait pu transmettre ses ordres; notre ligne avait été rompue, le *Vengeur* venait de couler bas après une défense héroïque et cinq de nos navires étaient tombés au pouvoir de l'ennemi. On rentra dans le port. L'amiral eut continué le combat, si Jean Bon St-André, qui avait de la Convention l'ordre formel de ménager notre marine, ne s'y fut opposé.

Nommé par le département du Morbihan, député au Conseil des Cinq-Cents, il fut proscrit au 18 fructidor.

En 1801, il reçut de Bonaparte le commandement des forces navales destinées à concourir à la malencontreuse expédition de Saint-Domingue. L'année suivante, il eut le gouvernement général de Sainte-Lucie et de la Martinique. Enfin, il fut nommé gouverneur de Venise, fonctions qu'il remplit jusqu'à sa mort.

Tableau peint par Lassalle-Bordes. (Acheté par la ville.)

39 — MARQUIS DE CASTELBAJAC, général de division, sénateur, ambassadeur en Russie, président du Conseil général du Gers, né à Ricau, Hautes-Pyrénées, le 12 juin 1787, mort à Caumont (Gers), le 3 avril 1864.

40 — (Voir page 44.)

41 — (Voir page 44.)

42 — (Voir page 44.)

43 — LOUIS-ANTOINE-MARIE-VICTOR GALARD-TER-

RAUBE, député du Gers, contre-amiral, gouverneur du Collège royal de la marine, à Angoulême, né au Château de Terraube (Gers) en 1765, mort à Paris en 1840.

Donné par M. le marquis de Galard-Terraube en 1866.

44 — JEAN-DOMINIQUE-LÉONARD TARRIBLE, jurisconsulte, membre du Tribunal et l'un des rédacteurs du *Code Napoléon,* conseiller maître de l'ordre, né à Auch en 1752, mort à Paris en 1821.

Donné par Mme Lacave-Laplagne en 1865.

45 — DOCTEUR CAPURON, médecin français, né à Larroque-Saint-Sernin en 1767, mort en 1849.

46 — JOSEPH-HENRI BOUCHARD D'ESPARBÈS, MARQUIS D'AUBETERRE, maréchal de France, né en 1714, mort en 1788.

47 — DE NOGARET DE LA VALETTE, DUC D'EPERNON, général d'infanterie, amiral de France, né à Cazaux-Savès en 1554, mort en 1642.

48 — GUILLAUME SALLUSTE DU BARTAS, poëte et gentilhomme, protestant, né à Montfort (Gers) en 1544, mort en 1590.

Peint par Lassalle-Bordes. (Acheté par la ville en 1866.)

49 — JEAN-JOSEPH-PAUL-AUGUSTIN DESSOLLES, né à Auch en 1767, mort à Paris en 1828. Général de division en 1799, conseiller d'Etat et secrétaire de la guerre en 1801, gouverneur du château de Versailles en 1805, général en chef de la garde nationale parisienne en 1814, ministre d'Etat et major général de toutes les gardes nationales du royaume sous Louis XVIII, ministre des affaires étrangères avec la présidence du Conseil en 1818. Il donna sa démission en 1819, pour ne pas céder aux exigences du parti réactionnaire et revint à la Chambre des pairs, pour y être ce qu'il y avait toujours été, un des plus fermes soutiens des libertés publiques.

50 — Mme THORE née LÉONTINE DE MIBIELLE, poëte, constamment couronnée aux jeux floraux.

51 — DOMINIQUE-FRANÇOIS-MARIE BASTARD D'ESTANG, président à la Cour de cassation, vice-président de la Chambre des pairs, né à Nogaro (Gers) en 1783, mort en 1844.

Don de M. le comte de Bastard d'Estang.

52 — (Voir page 44.)

53 — FRANÇOIS DE CHASTANET, maréchal de France en 1734, né en 1665, mort en 1743.

54 — ODET D'AYDIE SIRE DE LESCUN, amiral, homme

d'Etat français du XVe siècle, favori du duc de Guyenne, puis, du duc de Bretagne. Il joua un rôle important dans la ligue du Bien-Public et dans les luttes du roi et des princes. Mort en 1498.

55 — Paul de Labarthe seigneur des Thermes, maréchal de France, né a Cousserans (Gascogne) en 1482, mort à Paris en 1562. De Thermes avait acquis la réputation d'un des plus braves capitaines de son temps.

56 — Philippe de Montaut de Bénac duc de Navaille, né en 1619, mort à Paris en 1684. Maréchal de France en 1675. Après la paix de Nimègue, il fut nommé gouverneur, premier gentilhomme et surintendant des finances du duc de Chartres

57 — Antoine de Roquelaure, maréchal de France, né en 1547, mort en 1625, se trouvait dans le carrosse royal lorsque Henri IV fut frappé par Ravaillac.

58 — Roger de Saint-Lary seigneur de Bellegarde, maréchal de France en 1574, mourut en 1579, empoisonné, suivant le récit de Brantôme, par Catherine de Médicis.

59 — Charles de Gontaud-Biron, duc et pair, amiral, maréchal de France en 1594, né en 1561, mort en 1602.

60 — FRANÇOIS D'ESPARBÈS DE LUSSAN, maréchal de France en 1620, mort en 1628.

Donné par M. d'Esparbès de Lussan en 1869.

61 — BLAISE DE MONTLUC, maréchal de France en 1575, né à Condom en 1502, mort en 1577.

Don de Lassalle-Bordes.

62 — ARMAND DE GONTAUD-BIRON, maréchal de France en 1577, né vers 1524, tué au siège d'Epernay, en Champagne, en 1592.

63 — COMTE JEAN-JACQUES-MARIE D'ASTORG, lieutenant-général, né à Auch le 12 juin 1752, mort en 1820.

Donné par Mme la comtesse d'Astorg en 1866.

64 — VICOMTE BERTRAND-PIERRE CASTEX, général de division, né à Pavie, près d'Auch, en 1771, mort en 1842. De 1824 à 1827, il siégea à la Chambre des députés.

Donné par le général Castex en 1827.

65 — COMTE JOSEPH DE LAGRANGE, général de division, comte de l'empire en 1808, député du Gers en 1817, Pair de France en 1831. Né à Sempesserre en 1763, mort en 1842.

Peint par Lassalle-Bordes.

Donné par le comte Frédéric de Lagrange en 1865.

66 — JEAN LANNES DUC DE MONTEBELLO, maréchal de l'empire en 1814, né à Lectoure le 11 avril 1769, blessé le 22 mai 1809 à la bataille d'Essling, il mourut 9 jours après à Vienne. Ses restes furent transportés à Paris et déposés au Panthéon.

Peint par Lassalle-Bordes.

Donné par son fils aîné le duc de Montebello.

67 — JEAN-LOUIS-BRIGITTE ESPAGNE, général de division en 1805, comte de l'Empire en 1808, né à Auch le 16 février 1766. Il tomba mortellement blessé à Essling et expira dans l'île de Lobau. Son nom figure sur l'arc de triomphe de l'Etoile.

Peint par Lassalle-Bordes.

68 — FRANÇOIS BELLEFOREST, littérateur français, né à Sarzan (Guyenne) en 1530, mort en 1583.

Peint par Lassalle-Bordes. (Acheté par la ville en 1866.)

69 — SCIPION DUPLEIX, historien français, né à Condom en 1569, mort en 1661.

70 — JEAN-FRANÇOIS CAILHAVA, de l'Académie française, auteur dramatique, né en 1731, mort à Sceaux en 1813.

Don de MM. l'abbé Barciet et Léon Barciet.

71 — (Portrait, inconnu.)

72 — ANTOINE MÉGRET D'ETIGNY, intendant de la généralité d'Auch.

Donné par M. Balguerie, préfet du Gers, le 1er vendemiaire an XII.

73 — JOSEPH DUCHESNE, plus connu sous le nom de QUERCETANUS, SEIGNEUR DE LA VIOLETTE, médecin et chimiste français, né à l'Esture (Armagnac) en 1544, mort à Paris en 1609.

Peint par Lassalle-Bordes. (Acheté par la ville en 1866.)

74 — CHARLES DE GONTAUT DUC DE BIRON, maréchal et amiral, gouverneur et lieutenant-général aux duchés de Bourgogne et pays de Bresse, né au château de Saint-Blancard (Gers) en 1562.

75 — L'ABBÉ FRANÇOIS-XAVIER-MARC-ANTOINE DUC DE MONTESQUIOU, membre de l'Académie française, né au château de Marsan, près d'Auch, en 1757, mort en 1832.

76 — MATHURIN ROMÉGAX D'AUX OU D'AUCH LESCOUT, généralissime des galères de la religion, né à La Romieu vers 1515, mort à Rome en 1581.

Donné par le marquis d'AUX en 1867.

77 — (Voir page 44.)

78 — RAYMOND-JEAN-FRANÇOIS-MARIE LACAVE-LAPLAGNE-BARRIS, né à Montesquiou en 1786, mort en 1857, pair de France, président de la Cour de cassation, président du Conseil général du Gers.

Donné par son fils Paul Lacave-Laplagne-Barris.

79 — JEAN-PIERRE-JOSEPH LACAVE-LAPLAGNE, né à Montesquiou en 1795, mort à Paris en 1849, conseiller maître à la Cour des Comptes, ministre, secrétaire d'Etat aux finances, président du Conseil général du Gers.

Donné par son fils Louis Lacave-Laplagne-Barris.

80 — JOSEPH RAULIN, célèbre médecin, né à Aiguetinte en 1708, mort à Paris en 1784.

81 — JEAN SÉNAC premier médecin du roi Louis XV, membre de l'Académie royale, né à Lombez en 1693, mort à Paris en 1770.

82 — LE PÈRE ANTOINE ANSELME, prédicateur célèbre, né à l'Isle-Jourdain en 1652, mort en 1737. Ses sermons ont été publiés en 1731, par Mme de Sévigné.

Tableau peint par Lassalle-Bordes. (Acheté par la ville en 1866.)

83 — NARCISSE-ACHILLE SALVANDY, littérateur, ministre de l'instruction publique, né à Condom le 11 juin 1796, mort au château de Graveron (Eure) le 15 décembre 1857.

Donné par Mme la comtesse de Salvandy et ses enfants.

84 — (Portrait, inconnu.)

85 — (Voir page 44.)

86 — PIERRE DE GALARD, chevalier, grand maître des arbalétriers, ambassadeur près le Saint-Siège, sous Philippe-le-Bel.

Donné par M. le vicomte Hector de Gallard de l'Isle.

87 — BERNARD DE PARDAILLAN SEIGNEUR DE PARDAILLAN ET DE GONDRIN.

Donné par M. Jules de Pardeillan en 1866.

88 — HECTOR DE GALLARD, capitaine sous Charles VII, chambellan de Louis XI.

Donné par le vicomte Hector de Gallard de l'Isle.

89 — ARMAND GUILHEM SEIGNEUR DE BARBAZAN, général sous le règne de Charles VI et Charles VII. Né vers la fin du XIVe siècle, succomba des suites de plusieurs blessures, qu'il reçut à la bataille de Bulgneville en 1432.

90 — (Voir page 45)

91 — Blaise de Montluc, maréchal de France en 1575, né au Saint-Puy en 1502, mort en 1577.

Provenant de la loterie des beaux-arts, en 1863, à Auch.

92 — Henri-François d'Aguesseau, né en 1668, mort à Paris en 1751, chancelier de France, grand magistrat, orateur élégant, jurisconsulte de premier ordre, écrivain remarquable.

Peint par Hyacinthe Rigaud, né à Perpignan en 1659, mort à Paris en 1743. (Fonds du Musée.)

93 — Cardinal Dossat, né à Larroque-en-Magnade, près Auch, en 1536, mort à Rome en 1604. Ambassadeur du roi Henri IV près le Saint-Siège.

Don du marquis d'Aux en 1867.

94 — Jean-Louis-Brigitte Espagne, général de division, né à Auch le 16 février 1766, fut blessé mortellement à la bataille d'Essling le 22 mai 1809.

95 — Jérome-Annibal-Joseph Raynaud de Boulogne baron de Lascours, préfet du Gers, né en 1754, mort en 1835.

Acheté par la ville en 1825.

96 — Louis Daignan du Sendat, fondateur de la Bibliothèque communale.

97 — Comte de Fumel, lieutenant-général de Guyenne.
Fonds du Musée.

98 — Jésus devant Pilate, peint par Véronèse-Paolo Cagliori dit Paul, né à Véronne en 1530, mort en 1588.

99 — Repos de la Sainte-Famille, peint par François Albane, né à Bologne en 1578, mort en 1660.
Fonds du Musée.

100 — Apothéose de Saint-Vincent-de-Paul.
Acheté par la ville à la vente Fallières en 1866.

101 — Bouquet de Fleurs, peint par A. Baudit.
Acheté par la ville à l'occasion du concours de 1880.

102 — Lac au Milieu d'une Forêt, peint par Edouard-François Bertin.
Déposé par l'Etat en 1836.

103 — Environs de Rome, peint par Edmond Audiffret.
Acheté par la ville à la vente Tarbouriech en 1873.

104 — (Voir page 39.)

105 — (Voir page 39.)

106 — (Voir page 45.)

107 — (Voir page 45.)

108 — SUJET CHINOIS COLORIÉ.
Fonds du Musée.

109 — TÊTE DE FEMME. (Ecole de Raphaël.)
Fonds du Musée.

110 — TÊTE DE FEMME. (Ecole de Raphaël.)
Fonds du Musée.

111 — BOUQUET DE FLEURS, de Van Jean Huyssum, né à Amsterdam en 1682, mort dans la même ville en 1749. (Copie par Mme Lesca.)
Déposé par l'Etat en 1871.

112 — TÊTE DE FEMME. (Ecole de Raphaël.)
Fonds du Musée.

113 — TÊTE DE FEMME. (Ecole de Raphaël.)
Fonds du Musée.

114 — SUJET CHINOIS COLORIÉ.
Fonds du Musée.

115 — EPISODE DE LA PESTE A AUCH EN 1564, par Vincent-Joseph Ginovez, né à Auch en 1818, mort en 1858, pensionnire de la ville, élève d'Eugène Delacroix.
Acheté par la ville à la vente Fallières en 1866.

116 — (Voir page 39.)

117 — VUE EXTÉRIEURE DU COURS D'ETIGNY ET DE L'ALLÉE BAYLAC, A AUCH, EN 1826, par M. Gabriel Lettu, ex-professeur à l'Ecole communale d'Auch, né à Paris en 1797, mort à Auch le 5 Août 1859.
Don de M. Joseph Mauco.

118 — FRANÇOIS DE BELLEFOREST, historiographe de France, né à Lombez (Gers). Dessin aux trois crayons, du XVIe siècle.
Acheté par la ville en 1872, à la vente Tarbouriech.

119 — MARINE, par Claude-Joseph Vernet, né à Avignon en 1714, mort à Paris en 1789.
Fonds du Musée.

120 — (Voir page 39.)

121 — (Voir page 39.)

122 — (Voir page 39.)

123 — (Voir page 40.)

124 — (Voir page 40.)

125 — (Voir page 45.)

126 — (Voir page 45.)

127 — BUVEURS (copie d'après Ténier), par M. Ginovez.
Acheté par la ville à la vente Fallières en 1866.

128 — DEUX FAITS D'ARMES AU XVIe SIÈCLE, d'après Calot.
Fonds du Musée.

129 — ANTOINE DOUTRE, trompette de la ville d'Auch en uniforme de l'époque (1825).
Donné par M. Guillaume Lacoste.

130 — ITALIENNE, par M. Dastugue.
Acheté par la ville à l'occasion du concours de 1880.

131 — (Voir page 40.)

132 — Rentrée des Foins en Italie, par Aligny.
Déposé par l'Etat en 1844.

133 — Soir de Bataille, par Mlle Robiquet.
Déposé par l'Etat en 1889.

134 — Chemin Creux dans le Bois de Fonfrède aux environs de Montpellier, par Charles Node.
Déposé par l'Etat en 1866.

135 — Vue des Bords de la Seine a Seineport, par Gourlier.
Déposé par l'Etat en 1866.

136 — Ulysse et Nausicaa (Ecole française d'après Guide), né à Bologne en 1575, mort à Rome en 1642. Ulysse toujours poursuivi par la haine de Neptune a été jeté par la tempête dans l'île des Pheaciens. Fatigué, il s'est endormi non loin du rivage. Réveillé par des cris joyeux et enfantins, il se trouve, tout à coup, en présence de Nausicaa, fille d'Alcinoüs roi de Phéacie, accompagnée de ses suivantes.
Déposé par l'Etat en 1872.

137 — PROMENADE D'ETIGNY, par Lettu.

138 — (Voir page 45.)

139 — (Voir page 45.)

140 — (Voir page 45.)

141 — (Voir page 45.)

142 — VIEUX CHÊNES, aquarelle par Mlle Alice de Forestier.
Déposé par l'Etat en 1868.

143 — UNE IDYLLE, par Pottin.
Déposé par l'Etat en 1868.

144 — SAINT-SÉBASTIEN, par Charles Lefebvre.
Déposé par l'Etat en 1873.

145 — DAVID TERRASSANT GOLIATH, par Charles Lefebvre.
Déposé par l'Etat en 1869.

146 — LES CUIRASSIERS DE 1870, par Quesnay.
Déposé par l'Etat en 1873.

147 — La Soif de l'Or de Couture Thomas, par Tournier fils, d'Auch.
Donné à la ville par l'auteur en 1853.

148 — La Naine Marie Barbola, par Velasquez don Diégo-Rodriguez de Sylva, né à Séville en 1599, mort en 1660.
Déposé par l'Etat en 1872.

149 — Saint-Jérome, en costume de Cardinal avec son Lion, par Jacques Sinetz, né à Malines en 1680, mort le 23 février 1764 à Auch.
Fonds du Musée.

150 — (Voir page 46.)

151 — Saint-Martin partageant son Manteau, par Gaspard Dughet, né à Rome, mort dans la même ville en 1675.
Fonds du Musée.

152 — Sainte-Famille, par Sébastien Bourdon, né à Montpellier en 1616, mort à Paris en 1671.
Donné par M. Richard en 1873.

153 — Vaisselle sur une Table. (Ecole flamande.)

154 — Paul de Labarthe dit de Thermes, maréchal de France, né en 1482, mort en 1562.

155 — Justin de Mac-Corthey-Réach, par Jean-Baptiste Greuze, né à Tournus en 1726, mort en 1805.
Acheté par la ville en 1868.

156 — Adoration des Mages, par Seghers, peintre flamand, né à Anvers en 1589, mort en 1651.
Fonds du Musée.

157 — Soleil couchant, par Claude-Joseph Vernet, né à Avignon en 1714, mort à Paris en 1789.
Fonds du Musée.

158 — Un fumeur d'après Van Ostade, par Richard fils, né à Toulouse en 1832, mort à Auch en 1873.
Donné par M. Richard père en 1873.

159 — Chiens en arrêt devant une perdrix, par Jules Gelibert, provenant de la loterie qui eut lieu à l'occasion de l'Exposition des Beaux-Arts, en 1863, à Auch.

160 — Vue prise de Mortain, par Mlle Mathilde Duckett.
Déposé par l'Etat en 1865.

161 — FRUITS ET GIBIER, par Lassalle-Bordes, provenant de la loterie qui eut lieu à l'occasion de l'Exposition des Beaux-Arts, en 1863, à Auch.

162 — L'ALHAMBRA ET LE GÉNÉRATIF, ancien palais des rois Maures à Grenade, par Antoine-Xavier-Gabriel La Bouère, comte de Gazeau, né en 1801. Il est fils du général vendéen Armand-Modeste Gazeau de La Bouère.

Déposé par l'Etat en 1871.

163 — LA CHASTE SUZANNE AU BAIN, SURPRISE PAR DES VIEILLARDS, par Jean Raoux, né à Montpellier le 12 juin 1677, mort à Paris en 1734, élève de Raoux père et de Bon Boulogne.

Fonds du Musée.

164 — LA FLUTE ET LA ROSE, par Valentin Moïse, né à Coulommiers en 1660, mort en 1692.

Fonds du Musée.

165 — FEMME PLEURANT UN JEUNE HOMME MORT. (Ecole française.)

Déposé par l'Etat en 1872.

166 — MARÉE, par Georges Dupont.

Déposé par l'Etat en 1884.

167 — Une Vierge. (Ecole italienne.)
Fonds du Musée.

168 — Saint-Pierre, par Pierre Subleyras, né à Uzès en 1699, mort à Rome en 1749.
Acheté par la ville en 1868. (Détérioré par l'incendie du 27 novembre 1888.)

169 — Le Lévite d'Ephraïm, par M. Dastugue, né à Castelnau-Magnoac, donné par M. Henri Gage.

170 — (Voir page 46.)

171 — Torrent dans les Alpes, par Lettu.
Donné par M. Joseph Mauco.

172 — Le Père Ambroise de Lombez (Antoine de Lapeyrie), par Jean-Bernard Sinetz, né à Auch en 1718, mort en 1789.
Don des héritiers du chanoine Jean Prieur.

173 — Intérieur de Grotte, par Claude-Joseph Vernet, né à Avignon en 1714, mort à Paris en 1789.
Fonds du Musée.

174 — Effet de Mer, par Claude-Joseph Vernet.
Fonds du Musée.

175 — PAYSAGE D'ITALIE, par Jean-Charles Rémond.
Déposé par l'Etat en 1836.

176 — LA COURTISANE, de Xavier Sigalon, né à Uzès en 1788, mort à Rome le 10 août 1837. Copie par Louis Tournier d'Auch.
Don de l'auteur.

177 — L'EMPEREUR TRAÇANT UN SILLON A SAINTE-HÉLÈNE (décembre 1815), par Olivier Pichat.
Déposé par l'Etat en 1868.

178 — LE BAISER DE JUDAS, de Hébert. Copie par Louis Tournier d'Auch.
Don de l'auteur.

179 — LA GALERIE D'APOLLON AU LOUVRE, par Pierre de Castelnau.
Déposé par l'Etat en 1873.

180 — LE PONT DES SOUPIRS A VENISE, par Eugène Flandin, né à Naples de parents français.

181 — (Voir page 46.)

182 — (Voir page 46.)

183 — VALENTINE DE MILAN, par Henri Triqueti, peintre-sculpteur, né à Conflans en 1802.
Déposé par l'état en 1871.

184 — PÊCHEURS, par Claude-Joseph Vernet.
Fonds du Musée.

185 — MARIE-LOUISE FRANÇOIS DIT D'ARTOIS, née à Newirch (Autriche), le 10 avril 1796, mariée à Joseph Jayez. A fait la campagne de Belgique comme cantinière au 50e de ligne, décédée à Auch en 1878.
Donné par son fils Melchior Jayez en 1894.

186 — (Voir page 46.)

187 — (Voir page 46.)

188 — CIRCÉ, déesse et magicienne de l'antiquité. Suivant la fable, elle était fille du Soleil et de Perséa. Tableau de Jean-François-Gabriéri Guerchin (de Canto dit le), né à Canto, près de Bologne, en 1590, mort en 1666.
Déposé par l'Etat en 1871.

189 — (Voir page 46.)

190 — SAINT JEAN L'EVANGÉLISTE.

TABLEAUX

Placés dans le Vestibule de la Bibliothèque de la Ville d'Auch.

191 — LOUIS-PHILIPPE.

192 — DUC D'ORLÉANS.

193 — CHARLES X.

194 — LOUIS XVIII.

GRAVURES ET DESSINS

104 — VUE D'AUCH (eau forte), par M. L. Sancet d'Auch.
Acheté par la ville en 1864.

105 — LA VIERGE ET L'ENFANT JÉSUS, d'après le Titien, gravé par Jacques Pascal d'Auch.

116 — SERMENT D'ANNIBAL. — Annibal ou Hannibal, général des Carthaginois et l'un des plus grands capitaines de l'antiquité, né à Carthage l'an 247 avant Jésus-Christ, mourut à l'âge de 64 ans. A l'âge de neuf ans, il jura aux pieds des autels, une haine éternelle aux Romains.
Fonds du Musée.

120 — INCENDIE DE LA VILLA BORGHÈSE A ROME, d'après Raphaël, célèbre peintre, architecte et sculpteur de l'école romaine, né à Urbino en 1483, mort à Rome en 1520.
Fonds du Musée.

121 — ALEXANDRE ET SON MÉDECIN.

122 — MORT D'EPAMINONDAS, un des plus grands hommes de la Grèce antique, né à Thèbes en 411 avant Jésus-Christ.
Fonds du Musée.

123 — Portrait de Cervantès, d'après le Titien, illustre peintre de l'école vénitienne, né en 1477, mort de la peste en 1576. Gravé par Jacques-Pascal d'Auch.

Donné par l'auteur.

124 — Départ de Régulus. — Marcus-Atilius Régulus, général romain, illustre par l'héroïsme de son dévouement. — Vaincu dans une grande bataille et fait prisonnier, il resta pendant deux ans aux pouvoirs des Carthaginois. Envoyé à Rome pour demander au nom de Carthage la paix et un échange de prisonniers, sous le serment de revenir si les romains refusaient de traiter, il dissuada ses concitoyens de consentir à la paix, persuadé que la guerre amènerait le triomphe de la République et la ruine de Carthage.

Malgré les larmes de sa famille, les supplications du Sénat et du peuple, il refusa de violer son serment et retourna se livrer entre les mains de ses ennemis qui le firent périr dane les plus affreux supplices, pour le punir d'avoir fait échouer les négociations.

Gravure d'après Benjamin West, célèbre peintre américain, né en 1738, mort en 1820.

Fonds du Musée.

131 — Gravure sur Bois de Joseph Hornégo.

SCULPTURE

13 — JEUNE FILLE, buste en marbre d'Ayzelin, avec son socle en marbre.
Donné par M. François Caumont en 1892.

20 — BUSTE DE LA RÉPUBLIQUE.
Plâtre acheté par la ville.

21 — LA FRATERNITÉ. (Bas-relief en marbre de Husson.)
Déposé par l'Etat en 1874.

22 — FAUNE A LA FLUTE (Enfant), statue plâtre.
Don de Mme la vicomtesse de Luppé.

23 — L'APOLLINE, statue plâtre, représente Apollon adolescent, dieu du jour, de la poésie, de la musique, de l'éloquence, de la médecine et des arts, fils de Jupiter et de Latone, né dans l'île de Délos.
Don de Mme la vicomtesse de Luppé.

30 — VILLARET DE JOYEUSE, statue plâtre, par Adrien Ferri d'Auch.
Don de l'auteur.

31 — GÉNÉRAL ESPAGNE, statue plâtre, par Adrien Ferri d'Auch.
Don de l'auteur.

40 — JEAN-FRIX-ETIENNE-JUSTIN DAVID, avocat, maire d'Auch de 1870 à 1874 et de 1877 à 1885, ancien conseiller général, ancien député, né à Auch le 6 juillet 1834, décédé dans cette ville le 9 décembre 1885.
Bronze de M. Antonin Carlès de Gimont.
Souscription publique en 1894.

41 — BUSTE DE LA RÉPUBLIQUE, statue plâtre.
Acheté par la ville.

42 — RENOMMÉE, statuette plâtre.

52 — ARMAND DE GONTAUD DUC DE BIRON, maréchal de France, né vers 1524, tué au siège d'Epernay en 1592. (Buste en bronze.)
Don de M. de Gontaud de Saint-Blancard.

77 — THÉODORE SUDRE, jurisconsulte célèbre, défenseur de Calas. (Buste en ardoise.)

85 — APOLLON DU BELVEDÈRE, statue plâtre, l'original est placé au Vatican dans la cour du Belvédère, d'où lui est venu son nom.
Don de Mme la vicomtesse de Luppé.

90 — GÉNÉRAL DESSOLLES, buste plâtre.

106 — GÉNÉRAL ESPAGNE, buste plâtre.

107 — FRISE, en plâtre.

125 — E. LARTET, célèbre géologue. (Buste plâtre.)

126 — BAS-RELIEF, d'après l'antique.
Fonds du Musée.

138 — FEMME ENDORMIE RÊVANT, tête marbre, de M. Sylvain Sallières, sculpteur, pensionnaire de la ville, né à Escorneboeuf (Gers) le 7 février 1865. Donné par l'auteur.

139 — L'ENFANT ET L'OIE, plâtre, par Sylvain Sallières.
Donné par l'auteur 1888.

140 — ETUDE-CONCOURS EN VUE DU PRIX DE ROME, plâtre, par Sylvain Sallières.
Donné par l'auteur en 1894.

141 — MERCURE, plâtre par Sylvain Sallières, ayant obtenu le premier prix de l'Ecole des beaux-arts de Paris.
Donné par l'auteur en 1894.

150 — CASTOR ET POLLUX, statue plâtre.
Don de Mme la vicomtesse de Luppé.

170 — FAUNE, statue plâtre.
Don de Mme la vicomtesse de Luppé.

181 — LA MARINE ET L'AGRICULTURE, marche triomphale de la République. (Bas-relief plâtre), par Ottin.
Déposé par l'Etat en 1889.

182 — LE MENDIANT, statue plâtre, par A. Carlès, sculpteur, originaire de Gimont.
Donnée par l'auteur.

186 — LE FAUCONNIER, statue plâtre, par F. Soulès, sculpteur, originaire d'Eauze.
Donné par l'auteur en 1880.

187 — BUSTE EN MARBRE DE LOUIS XVI jeune, par Houdon, statuaire français, né à Versailles en 1740, mort à Paris en 1828.
Fonds du Musée.

189 — VÉNUS DE MÉDICIS, statue plâtre. La Vénus de Médicis fut trouvée à Tivoli, dans la villa Adriana, vers 1680, elle fut transportée à Florence, sous le pontificat d'Innocent X et doit son nom aux Médicis qui en firent l'acquisition.
Don de Mme la vicomtesse de Luppé.

PLATRES PLACÉS A LA BIBLIOTHÈQUE
(CAGE D'ESCALIER)

190 — Un Buste de Jupiter, en plâtre.

191 — Un Buste, plâtre.

OBJETS DIVERS

1 — Une Vitrine Empire, renfermant :

2 — 2 Clefs anciennes, trouvées à Saint-Orens.

3 — 38 Médailles et Pièces Romaines ou autres, données par Pierre Richard et Prosper Lafforgue.

4 — Une Série de Poids, au nombre de 6, en cuivre.

5 — 1 Médaillon (portrait de Lud. de Conflans d'Armentières 1769).

6 — Série de Médailles, données par l'Etat sous la Restauration, consistant en deux médaillers renfermant :

Le premier, 40 médailles;
Le deuxième, 24 médailles;
2 médailles hors médailler;
1 médaille, en bronze commémorative de la naissance du prince impérial;

7 — 16 empreintes de médailles en plâtre (1 brisée).

8 — 3 Petits Cadres, sous verre, contenant des empreintes de cachets ou de camées sur cire vierge rouge.

9 — 1 Médaille, offerte le 7 avril 1878, à Jean David, député, par la jeunesse républicaine d'Auch.

10 — 1 Poignard avec sa Gaine.

11 — 1 Lame de Sabre.

12 — Deux Vases en vieux Chine, de la famille Bouleau, avec couvercles, montés sur quatre pieds en bronze ciselé et doré.

Donné par François Caumont en 1892.

13 — 2 Photographies représentant la couronne offerte par la ville d'Auch à l'occasion des obsèques de Sadi-Carnot, président de la République, assassiné à Lyon.

14 — Fables de La Fontaine, en 2 volumes, illustrées par Oudry (édition de 1783), imprimerie de Valade ; Belin, lib.aire.

Données par François Caumont en 1892.

15 — UN EXEMPLAIRE EN 2 VOLUMES DU LIVRE D'HEURES D'ANNE DE BRETAGNE (édition Curmer).
Donné par François Caumont en 1892.

16 — UN EXEMPLAIRE EN 2 VOLUMES DE L'ŒUVRE DE JEHAN FOUQUET (édition Curmer).
Donné par François Caumont en 1892.

17 — TABLE SECRÉTAIRE DE BOULE, provenant de la vente Tarbouriech.
Don de M. Henri Branet d'Auch.

18 — UNE LANTERNE LOUIS XVI.

MUSÉE ARCHÉOLOGIQUE

Placé à la Bibliothèque

1 — 2 BASES DE COLONNE EN MARBRE.

2 — 20 BOULETS EN FER.

3 — CANON EN FER.

4 — 1 PIERRE TOMBALE D'UN CHANOINE.

5 — 1 PLAQUE MARBRE (1511) avec inscription chrétienne.

6 — 1 PLAQUE ARDOISE D'UN PROCUREUR.

7 — 1 PLAQUE ARDOISE (Théodore de Sudre, défenseur de Calas).

8 — INSCRIPTION DES CONSULS (1576), pierre écornée.

9 — 1 TORSE vêtu d'une pélerine en marbre.

10 — INSCRIPTION sur plaque marbre de la ville d'Auch aux Bourbons (1815).

11 — INSCRIPTION GOTHIQUE DE 1473 (pierre).

12 — PIERRE TUMULAIRE de Bernard du Petit (1674).

13 — INSCRIPTION SUR PIERRE donnant les noms des Consuls en 1626.

14 — TOMBEAU DU CARDINAL D'ARMAGNAC.

15 — PIERRE TUMULAIRE avec écusson.

16 — 5 FUTS DE COLONNES BRISÉES (pierre et marbre).

17 — 1 TÊTE ROMAINE, fruste, en marbre.

18 — 1 STATUE DRAPÉE, sans tête, en marbre.

19 — 1 TÊTE ROMAINE, fruste (femme), en marbre.

20 — 1 TÊTE ROMAINE, pierre.

21 — INSCRIPTION ROMAINE SUR ARDOISE (*Dies manibus, etc.*)

22 — 1 TORSE MARBRE, nu.

23 — Sarcophage Mérovingien (auge et sa toiture).

24 — Fragment de Mosaïque, blanc et noir, en ciment.

25 — Un Cippe funéraire Romain.

26 — 8 Chapitaux et 4 Bases. (Antiquités gallo-romaines, trouvées dans les fouilles du pont de Luby à Cazaubon (Gers).

www.ingramcontent.com/pod-product-compliance
Lightning Source LLC
LaVergne TN
LVHW011957160826
845678LV00002B/586